Gildo Ravazzolo

# *Inchiostro di china*

MNAMON

Questi scritti, che addirittura potremmo definire poesie, nascono dalla lettura di composizioni dell'antica Cina. Ogni poesia inizia con una citazione, letterale o meno, tratta da opere diverse, ed inizia, come omaggio floreale e non, ogni mia composizione. Non ho voluto creare una nuova specie trapiantando su di un tronco vetusto il fiore della modernità, o almeno così credo. Dedico questa smilza raccolta, come del resto tutta la mia opera complessiva, a mia figlia, la mia unica figlia, la mia unica gioia. Lei sa bene che quasi nulla che scrivo appartiene al mondo fatato del bello, ma spero che apprezzi la mia volontà di ascriverlo a quello del giusto. Con immenso amore.
Tuo padre

6

si cammina su terre morte
oppure
si muore camminando la terra
eppure
un passo non può esser
che dopo un altro
e si scende
alle spiagge accarezzate dal mare
e si scende
alle spiagge stuprate dal mare
ecco
le navi dalle grandi vele
tra le docili onde
le grandi navi nere
soffocate dal mare
e si sale
sulle navi dalle grandi vele
sul mare docile
di onde
e si sale
tra i vortici d'acque
e lame di schiuma
e ora vanno
sul mare di seta
grandi navi nere
vanno sul mare
ai venti
piacendo

il cielo è grigio grigio
come grigia è la pianura
grigio il sasso del fiume
e i tanti pesci del mare
grigia
è l'anima

dopo un tramonto di fuoco
si tinge tutto di nero
il cuore scivola nel buio
più profondo
dove la luce dorme
sognando notti
cariche di stelle
e di luna

la voce batte ed echeggia
un canto lontano
un rombo che giunge
soffice
e piovono parole
piccole gocce di suoni
che nessuno più ascolta
che nessuno più sente

il cielo è un grande fiume
e incedono al mare le nubi
laggiù si fondono in acque
ornando il capo alle onde
che correndo leste alle rive
abbracciano scogli cupi
ed esplosioni di schiuma
risalgono al cielo

smarrisco il cielo e la terra
e tutto ciò che era
è nebbia e fumo
tutto è notte
e la luce
la luce piano si nasconde
svanisce la forma
e il punto
il punto collassa

la vita è un lungo sogno
mi dice
la vita è un breve sonno
mi dice
va da qui a lì prima non c'era
domani non ci sarà
la vita è una linea corta
mi dice
e tracciata anche male
da un punto ad un altro
la vita è come un cerchio
mi dice
che rotola
si ferma
si sgonfia
la vita è una palla
ed è rotonda
va dove deve andare
la vita è solo un gioco
mi dice
e allora giocalo e taci
penso

piove sulla mia testa nuda
piovono pietre
e tizzoni di lava
tutto è sottosopra
l'acqua intasa i vulcani
e i crateri si addensano
in violenti temporali
le fiamme ci danno giorno eterno
la notte è solo per i pesci
o per quelli di noi
spolpati dalle correnti

lentamente si sperde
si mescola all'aria
polvere su polvere
goccia dopo goccia
fango su fango
si sparge in terra un'altra vita
e poi subito un'altra
e un'altra ancora
e poi anch'io mi sciolgo
la mente al vento
l'amore
all'acqua

camminai verso la luna
salendo arcobaleni splendenti
la raggiunsi ch'era una falce
e riposai all'ombra dei crateri
la polvere giaceva immobile
e così i massi e gli anfratti
e inaspettatamente colsi
il sommesso canto del silenzio
e del cosmo tutto

mi è cara la bellezza di valli e di monti
dei boschi che beffardi tentano il cielo
di quelli che mollemente scuote la corrente
mi è cara la severa parete di pietra
e il canto isterico di qualche uccelletto
mi è cara la pigna caduta
e il tappeto soffice degli aghi di pino
mi è caro il cielo di bianco macchiato
e i campi colmi d'erba danzante
mi è caro il mondo vasto e calmo
e cara mi è questa stanza
e il tenue ballo della polvere
e della luce

e le lacrime cadono in terra
come la pioggia e la neve
come il sangue e l'urina
è un mondo sempre assetato
e ha il cuore sempre secco
ma ci dà fonti e oceani
ci dà la cascata e il boato
siamo cura e malanno
siamo la ferita aperta
siamo il ricordo che punge
siamo la profezia
di una fine

il tempo nasconde le tracce e fugge
ma guardo lo specchio appannato
e so che non è solo vapore
ma non c'è stupore nei miei occhi
sapevo da tempo che mi avresti lasciato
con la tua andatura così lesta
e inesorabile

si diradano le stelle
lasciando i cieli vuoti
i sogni svaniscono
mentre il corpo degli amanti
si placa
timidamente l'aurora
sorride al nuovo giorno
e un opaco boato
annuncia la marcia
del sole

le foglie si staccano dai rami
come i giorni che fuggono
e con volo breve
a volte prolungato dal vento
si accumulano sull'umida terra
c'è un vasto tappeto di giorni
molle sotto i miei passi
con tutto il sole
con tutto il vento
con tutta la pioggia
della mia vita

lucide acque profonde
che dormite un sonno senza sogni
che vivete il giorno senza luci
che ascoltate un canto senza voci
attraversate da mille correnti
ignare di luna e di tempeste
accogliete il mio cuore
sciogliete il male che lo rinchiude
e di quel poco che ne rimane
fatene onda
che possa correre il vento

avanzano i carri di guerra
tace il sangue ancora nei corpi
tace la terra ancora in pace
e muto è il sole
muta la luna
muto l'universo tutto
ora parlerà la bomba
parleranno spade e cannoni
e parleranno con voce umana

salgono al cielo i pianti
salgono le offese
sale l'urlo e la ferita
sale il sangue versato
tutto s'innalza verso l'alto
riempiendo il sole e la luna
spegnendo le stelle
ma troppo è il peso
anche per astri così generosi
e allora tutto ricadrà
e ciò che fu dato
sarà ridato

nei tempi piovosi e bui
cerco invano una luce
e la cerco intorno a me
la cerco dentro di me
ma c'è solo un leggero chiarore
buio un po' meno buio
nero non proprio nero
e poi ci si abitua
e tutto è notte
e tutto si riduce
e tutto si scolora
e tutto diventa poco
poco poco
quasi nulla
nulla

la notte cresce
e si veste di stelle
e dal manto lucente
a volta cade una perla
ciò che era fermo
ora si scuote
ciò che fu scosso
ora è quieto

il viaggiatore torna da terre lontane
e ne racconta le meraviglie
gli alberi dai frutti d'oro
l'argento delle ripide acque
le dolci movenze delle donne
ma a noi cosa ci frega del suo andare
cieco in un mondo di ciechi
il mondo è rotondo
e ha due orecchie, un naso, una bocca
e due occhi da usare
nella penombra di una stanza

i ricordi mi opprimevano il cuore
mi dice
m'impedivano di camminare
intasando ogni breccia del presente
appannando ogni mia visione
e mi dice
ma col tempo ho imparato a scegliere
mi tengo stretti i momenti intensi
e gli altri li regalo all'oblio
e tace
già, come se si potesse fare a fette
un'intera vita
cancellando colpe e atti osceni
e allora dico
l'evoluzione è stata gentile con te
ti ha posto gli occhi sulla nuca
e le api laboriose stillano miele
dal tuo cranio cavo

guardo il cielo e sospiro
mi dici
hai ragione
ti dico
come faranno le galassie
a sopportare l'assenza
del tuo sguardo?

in fondo al fiume delle stelle
degli amanti non c'è traccia
nessun bacio è giunto a giove
nè carezze per nettuno
perchè tutto arde amore
tra le fiamme dell'aurora

in questi tempi torbidi dormo di rado
un cielo di piombo copre il mio sonno
e i sogni affiorano di tenebre
mi dice
e tutto il mondo mi pesa addosso
e tace
o santo santo santo
accorrono morituri al tuo cospetto
s'alzano al cielo canti di lode
il sangue versato ritorna ai cuori
e l'urlo gridato si muta in sorriso
grazie grazie grazie
è nato al mondo
un nuovo sole

scrutai al fondo del mio pensiero
e non ci trovai nulla
nulla che valesse la pena
d'esser portato in superficie
vidi solo vortici di frammenti
polvere impazzita
alcuni stracci sporchi
quando scrutai al fondo del mio pensiero
capii che la mente è come aria
il fumo scappa veloce
e le nubi incedono lente
ma nulla resta, nulla incide

prima che il sole sia salito in cielo
vorrei raccontarti la mia vita
di come sono giunto a questo momento
in cui vorrei raccontarti la mia vita
così disse
o almeno mi pare
ma il sonno era già caduto dal cielo
non se ne accorse nemmeno
e mentre raccontava la sua vita
io davo alla mia
la forma del sogno

è quasi primavera
e quando arriverà
sarà quasi estate
è il ciclo delle stagioni
la ruota implacabile dei giorni
il cupo stillicidio degli anni
è quasi primavera
e il pianeta rinasce
ma le stagioni non erano finite?
da quel che mi risulta
pare proprio di sì
successe anni fa
quando l'autunno
senza dire una parola
andò per la sua strada
e non tornò mai più
peccato
gli alberi si coloravano di fuoco
i grappoli d'uva pendevano maturi
i funghi adornavano le mense
e poi alla fine cadevano le foglie
e i rami si denudavano
fummo tutti sommersi dalla tristezza
ma era quasi ormai inverno
e quando finalmente arrivò
era quasi primavera

non c'è tempo per parlare del tempo
ho troppo da fare
oppure
non ho voglia di far nulla
eppure
il tempo non tiene conto del mio pensiero
e continua la consueta marcia
e
alla fine non avrò più tempo
ma nemmeno per parlare del tempo
ci sarà un ultimo sguardo
si dirà un'ultima parola
affiorerà ancora un ricordo
e
non avrò più nulla da fare
nemmeno respirare
proprio quando vorrò
far tutte le cose che non ho fatto
rifar tutte le cose che ho fatto
parlar del tempo
e di ogni suo minuto
di ogni suo palpito

si son rivestiti d'ombra
ma li riconosco ancora
potrebbero ardere di luce
e ancora li riconoscerei
potrebbero scappare lontano
ma la loro assenza griderebbe
potrebbero semplicemente svanire
ma rimarrebbe la loro impronta
non possono andare
non posson fuggire
e se volessero ritornare
non mi stupirei più di tanto
spesso cercano le radici
cercano l'anima che li ha sputati
non per amore
non per vendetta
ma per vago senso di giustizia
le colpe ricadono sui figli
i sensi di colpa
annientano i padri
a volte

i giorni e le notti passano uguali
e né comete né terremoti
ne interrompono il cammino
è il momento di cambiare
di dare una sterzata decisiva
ci vuole qualcosa di grandioso
i tempi reclamano un gesto clamoroso
torneranno gli eroi
e i pavidi tremeranno
appiattiti nelle crepe e nei buchi
e con fulmini anche gli dei batteranno un colpo
la stanca civiltà umana avrà un sussulto
che la porterà dritta in bocca al futuro
che non sta aspettando altro
di porre fine al tragico errore
di un'evoluzione ballerina

nulla in natura si ferma per riposare
mi dice
però, m'illumino d'immenso
io penso
tutto si crea e nulla si distrugge
ridice
la montagna diventa pietra
la pietra diventa sabbia
e la sabbia s'infila dappertutto
ripenso
polvere siamo e polvere diventeremo
mi dice ancora
ok, ma fallo in fretta
finisco col pensare

all'improvviso sento bussare alla porta
prima o poi sarebbe successo
mi dico sussultando
forse
qualcuno vuole salutarmi
forse
qualcuno vuole chiedere un'informazione
forse
qualcuno vuole vendermi qualcosa
forse
sono venuti ad arrestarmi
forse
sono venuti per uccidermi
forse
una donna ha trovato il coraggio
ma quale me aprirebbe la porta?
senz'altro non io
io
che da tempo immemore attendo un segno
io
che aspetto il sogno che mi svegli dalla vita
io
che ho lasciato tutto fuori
io
che ho trascinato dentro il deserto
io
che per anni ho fatto rima
con dio

la giovinezza muore
mi dice
proprio una bella scoperta
penso
e non rimane che amarezza
ridice
e allora penso a Colombo
che la credeva India
e poi all'uovo
e poi alla gallina
e poi al brodo
a quello primordiale
a quell'inizio
alle premesse
alle promesse
ai salti e alle cadute
ai morti e ai vivi
e quindi anche a te
che piangi il tempo che passa
misurandolo
con le tue lacrimucce

il pensiero triste e solitario
va da A a B
dove A rappresenta l'origine
e B la sostituzione con altri pensieri
di diverso tenore
così è scritto
nella matematica dei sentimenti
ma un pensiero triste e solitario
che viene normalmente indicato come anello
tende a formare una catena
che porta al soffocamento interiore
di chi ne subisce l'effetto
quindi
una catena di pensieri tristi e solitari
solitamente definita come grumo
e indicata dalla formula $G = AB + NAB$
perde la propria distinzione
e assume un carattere unico e indistinto
che può portare il soggetto
ad un alto e pericoloso grado
di malinconia

il bene e il male fanno catena infinita
mi dice
come il buco del culo e la merda
io penso
non può esistere il male senza il bene
e viceversa
ribadisce
dillo a chi assaggia ogni giorno un po' di equa violenza
ripenso
l'uomo creato da dio è votato al male
ma egli ci ha indicato la via del bene
che ci conduce a lui
continua pregando
sadico il tuo amichetto
concludo assopendomi

non so liberarmi dai sentimenti volgari
mi si appiccicano addosso
come sputati da una bocca catarrosa
e continuano a danzare i miei sogni
ad oscurare le tranquille vie dell'ozio
seguiti da schiere di banali pensieri
dalle vuote e scontate parole
ma dov'è fuggito il mio respiro?
quando s'è spento il mio ruggito?
ora vagano sperduti nell'aria
perchè un vento impertinente
ha disperso le briciole di pane
e mezzanotte scoccò
troppo presto
su di un tempo zoppo

dove la luna è nera e la sabbia turbina
ecco il luogo
della mia assenza
perchè amo le tiepide giornate d'autunno
il sole bonario
la voce gentile della pioggia
e accarezzate dal vento
le foglie che mi salutano dai rami
mi salutano
e poi vanno

pieno di stupore e di gioia
penso a te
figlia mia
sei come il vento inaspettato
sei come un ricordo dal futuro
sei un canto che ho cantato
sei la voce del mio silenzio
sei il volo che ho tentato
le tue ali lassù nel cielo
mentre il viso mi esplode
in un sorriso straziante

non conosce ostacoli il vento
e nulla trattiene
passa e disperde
libera il cielo dalle mille parole
libera la terra dai troppi sogni
e la cosa più importante
ti trascina lontano
vuoto di ogni pensiero
gonfio di mille cazzate

piantati nella polvere del mondo
stiamo
con gli occhi e la bocca serrati
fermi
senz'andare nè venire
bloccati
sotto una notte implacabile
ma chi è stato?
chi
ci ha negato il sole?
noi
siamo stati noi
c'era troppa vita là fuori
troppa aria
troppo vento
troppo cielo

tra le nuvole bianche
c'è un esile sentiero
che con docili curve
attraversa tutto il cielo
luccicando di pioggia
o inondato dal sole
sfiora il carro dell'aurora
e i sospiri della notte
e giunge infine ai confini
dove si parte per le stelle
dove ti ho visto salire
sulla nave d'argento
ti ho salutato dal molo
agitando la mano
come in un vecchio documentario
e poi sei partita
figlia mia
sparata verso il domani

pure il vento si cheta
e tutto tace d'intorno

nascono e crescono pensieri cupi
mi dice
ed anche qualche risata
io penso
la strada è senza ritorno
è una linea retta verso il baratro
ridice
è possibile
è probabile
ripenso
ma possiamo sempre fermarci in autogrill

gli alberi sono pieni di nebbia
ammassi di cellule dormono
e poi si perdono alla deriva
io penso
io credo di pensare
o il pensiero mi pensa
e non so se queste sono mie parole
mentre la terra fuma nebbia
e gli alberi sono pieni di freddo
e freddi sono i miei pensieri
miei o di qualcun altro
ma alla fine non importa
le parole poi cadono come foglie
e noi si sta muti
come muti stanno i rami alla nebbia
e muta è la terra
che piano si veste di gelo

molto tempo è passato
mi dice
come quello di verdura
io penso
e la luce già s'offusca
e se prima mi guidava
ora stentano gli occhi
ridice
forse non hai pagato la bolletta
o semplicemente
la tua vita come i tuoi occhi
si stanno piano spegnendo
ripenso
ma io non voglio morire
con tutto quello che ho da fare
ridice quasi urlando
dormire
respirare
nutrirti
defecare
assopirti
e nuovamente dormire
proprio un bel programmino
mister fantasy

all'estremo limite del mondo
c'è una sottile lingua di terra
che protende le sue sabbie
al quieto vento stellare
ci sono stato in sogno
in una notte umida e nera
con poche luci nel cielo
e un cupo dolore nel cuore
ero davanti all'universo
ma l'universo taceva
dietro avevo tutto il mondo
con tutte le sue voci
con tutte le sue luci

io torno a casa
e me ne vado a letto
semplice, non fa una grinza,
mi pare la scelta più lucida
che un uomo saggio
possa intraprendere
illuminazioni, nirvana, eden
ebbene
tutto ciò che puzza d'Olimpo
può attendere
tutto ciò che profuma di bucato
è un peccato lasciar che l'umidità
ci stenda sopra un velo d'incenso

sto come un sasso a giacere
nell'erba alta d'estate
e tutto muove il vento
sotto una nube che gioca
a mutar la sua forma
son giorni del quieto ieri
o forse del perduto mai
ma mi piace ricordarlo
quel sasso che ho nel cuore
che pur s'è spaccato
senza traccia di cristalli

quelli che parlano e non sanno
quelli che non parlano e non sanno
quelli che dicono e sanno di sbagliare
quelli che dicono per non stare zitti
quelli che hanno paura del silenzio
quelli che non tacciono mai
quelli che non parlano mai
quelli che hanno paura di parlare
quelli che hanno paura e basta
quelli che sanno di sapere poco
quelli che non sanno e urlano troppo
quelli che urlano di sapere tutto
quelli che non capiscono mai nulla
quelli che parlano del più e del meno
quelli che se non parlano è molto meglio
quelli che pensano di aver capito tutto
quelli che parlano poco e agiscono
quelli che fanno solo disastri
quelli che li pensano i disastri